FRANK MARGERIN
VOTEZ ROCKY

SENHA, 17, RUE MONSIGNY – 75002 PARIS

FÉVRIER 1981
DÉPÔT LÉGAL MARS 1985
I.S.B.N. 2-7316-0349-6
ACHEVÉ D'IMPRIMÉ MARS 1985
PAR LITOPRINT S.A. MADRID (ESPAGNE)
PRINTED IN SPAIN

Frank Margerin

Votez Rocky

LES HUMANOÏDES ASSOCIÉS

ÇA Y EST, MA P'TITE ANNONCE EST SORTIE!
JOUEUR HARMONICA POSSÉDANT LOCAL CHERCHE...
Sandwich
MUSICIENS POUR FORMER GROUPE!
DÉJÀ?
DRRiiiiNNG
ON VA POUVOIR S'FAIRE UN P'TIT BLUES!
SALUT, J'VIENS POUR L'ANNONCE, JE JOUE D'LA BASSE!
MAIS J'TE PRÉVIENS
JE JOUE QUE DU ROCK
ENTRE, ON VA RÉPÉTER DANS LA CAVE...
1

DANS LA SÉRIE "SUSPENSE" F. margerin présente :
OPÉRATION "P.P"
BON, L'OPÉRATION P.P COMMENCE CETT NUIT !
MOI, JE M'OCCUPE DU COMMISSARIAT AVEC GILLOU...
C'EST PAS CE QU'IL Y A DE PLUS SIMPLE !
VOUS ÊTES SÛR QUE ÇA VAUT LE COUP ?
D'APRÈS RICKIE, C'EST L'IDÉE DU SIÈCLE !
BON, METTEZ VOS MONTRES À L'HEURE... RENCARD DEVANT CHEZ MOI À MINUIT APRÈS L'OPÉRATION P.P
ET TACHEZ DE FAIRE GAFFE À PAS VOUS FAIRE PIQUER !
L'HEURE H, DANS LE CHANTIER...
ÇA NOUS SUFFIT
IL EST CHIÉ RICKIE, C'EST PAS ÉVIDENT SON TRUC !
ET PUIS CE CADENAS QUI VEUT RIEN SAVOIR QUELLE POISSE !
AU MÊME MOMENT...
AMÈNE-TOI, Y A PERSONNE EN VUE... GROUILLE !
T'ES MARRANT, IL PÈSE SUPER LOURD CE SAC... J'SUIS CREVÉ MOI !
POLICE
MERDE !
BON, MAINTENANT IL S'AGIT D'ÊTRE TRÈS DISCR...
CRAC
CLINK
CLING
DING
DZINNN
CLANK GLING BINK
PENDANT CE TEMPS, DE LEURS CÔTÉS.
HEU... SALUT TOUT L'MONDE !
HÉ BEN, C'EST UN VRAI COUPE-GORGE CE TROQUET !
RITON
LACASTAGNE
MALAKOFF
ANGELS
CRADOS
1

ÇA VA, LE GRAND PÈRE A LE SOMMEIL LOURD!
ZZZZ
SALUT RAYMOND, J'AI APPRIS QUE T'AVAIS UNE PETITE PERM'
MHHHH?
J'ME SUIS DIT COMME ÇA, TIENS J'VAIS LUI DIRE BONSOIR...
MAIS JE NE TE DÉRANGE PAS AU MOINS ?!..
OH! PARDON VIEUX, JE VOIS QUE TU DORMAIS ...ALLONS, RECOUCHE TOI!
JE REPASSERAI UN AUTRE JOUR!
ZZZZ ZZZ
BEN DIS DONC! ON L'A ÉCHAPPÉ BELLE, IL PIONCE COMME UNE BRUTE!
C'EST MIGNON QUAND ÇA DORT!
MAIS?! QU'EST-CE QUE ÇA VEUT DIRE? C'EST PAS LES BONS OUTILS!
T'AS PRIS CEUX D'LA BÉCANE, CRÉTIN ...YA PAS DE PIED DE BICHE LÀ-DEDANS!
AH?
T'AS RAISON, J'AI DÛ ME GOURER DE SAC... ET BEN, QU'EST-CE QU'ON FAIT MAINTENANT?
J'PAYE UNE MOUSSE AU CAÏD DE LA BANDE!
LE CAÏD? ALORS C'EST POUR MOI!
CAÏD DE MES DEUX, OUAIS!
TOI, LE CAÏD? HA! HA! HA! ÇA M'FRAIT MAL!
JUSTEMENT, ÇA VA TE FAIRE MAL!
ÇA MARCHE!
SI Y A UN CAÏD ICI C'EST PLUTOT MOI!
QUOI?
BON SANG! J'EN VIENDRAI JAMAIS À BOUT DE CE CADENAS!
CLANK
CLANG DONG BALANG GLANK
BLANG WONK
?!

IL Y A BIEN UNE SOLUTION, MAIS C'EST ASSEZ RISQUÉ !..
ZZZZZ
J'ESPÈRE QUE CE FLIC A LE SOMMEIL PROFOND !
HÉ ! HÉ ! ET MAINTENANT TIRONS-NOUS DISCRÈTEMENT ...
PAF
TCHA
CLINK
OPÉRATION P.P RÉUSSIE, JE RENTRE À LA BASE... ENFIN, CHEZ RICKIE !
LORQUIN
LE ROCK DANS L'SANG
LOS CRADOS
HALTE ! QUI VA LA ?!
BLAM !
RÉCTIFICATION LE GRAND PÈRE A LE SOMMEIL LÉGER !
ALLEZ, BONNE NUIT RAYMOND !
CET IMBÉCILE N'Y A VU QUE DU FEU !..
UN PEU PLUS TARD...
ÇA Y EST ! LES VOILÀ !
VICTOIRE !
9152 FM 75
PÊT PÊT PÊT
HA ! HA ! VOUS AURIEZ VU LA CASTAGNE DANS LE TROQUET ...
MOI, J'AI BIEN FAILLIT Y LAISSER MA PEAU !
T'AURAIS VU LE BORDEL DANS LE CHANTIER !
BON, ALORS ON SE PRÉPARE POUR LA RÉPÉTITION LES GARS !
ON VA FORMER LE GROUPE DE L'ANNÉE !
Z'ÊTES SÛR QUE C'EST UNE BONNE IDÉE ?
EN TOUS CAS C'EST DU JAMAIS VU !
TU VEUX PAS CHANGER DE COSTARD AVEC MOI ?
JE VOUS GARANTI QUE NOUS ALLONS FAIRE UN MALHEUR !
OUAIS, SI ON NE SE FAIT PAS PIQUER L'IDÉE !
ET DANS QUELQUES JOURS, "PILLAGE PEOPLE" SERA PREMIER AU HIT PARADE !
FIN

cinq minutes plus tard...
DIS DONC, ELLE EST BALAISE TA CHAÎNE!
C'EST MA MÈRE QUI ME L'A PAYÉE!
CE QUE J'AIME ICI, C'EST QU'ON SE SENT EN FAMILLE. ON EST TOUS DES FÊLÉS D'LA BÉCANE!
ET PUIS TU VAS VOIR QU'ON PEUT AUSSI FAIRE DES AFFAIRES EN OR!
HÉ, COMBIEN TON DISQUE?
50 SACS!
10 BALLES
OK!
T'AS VU ÇA?... UN DISQUE DE FREIN POUR DIX BALLES!
OUAIS, DIX BALLES C'EST POUR RIEN!
VENDRIEZ-VOUS UNE SELLE DE 500 XT PAR HASARD?
MAIS OUAIS, BIEN SÛR, J'AI QU'ÇA!
TRIUMPH
HÉ, RITON! TROUVE-MOI UNE XT...
ET RAMÈNE MOI SA SELLE!
HÉ, RAYMOND, T'AS PAS UN P'TIT CREUX?
SI! ÇA TE DIT UNE SAUCISSE AVEC DES FRITES?
Z'AURIEZ PAS DES PIÈCES DE BMW, DES FOIS?
ALLEZ, RÉGALEZ-VOUS LES GARS!
ARRH! JE CRÈVE LA DALLE!
DITES, ELLES ONT UN DRÔLE DE GOÛT CES FRITES ELLE EST NAZE VOTRE HUILE!
NAZE?!! DE LA MOTUL DE PREMIÈRE QUALITÉ!!
2

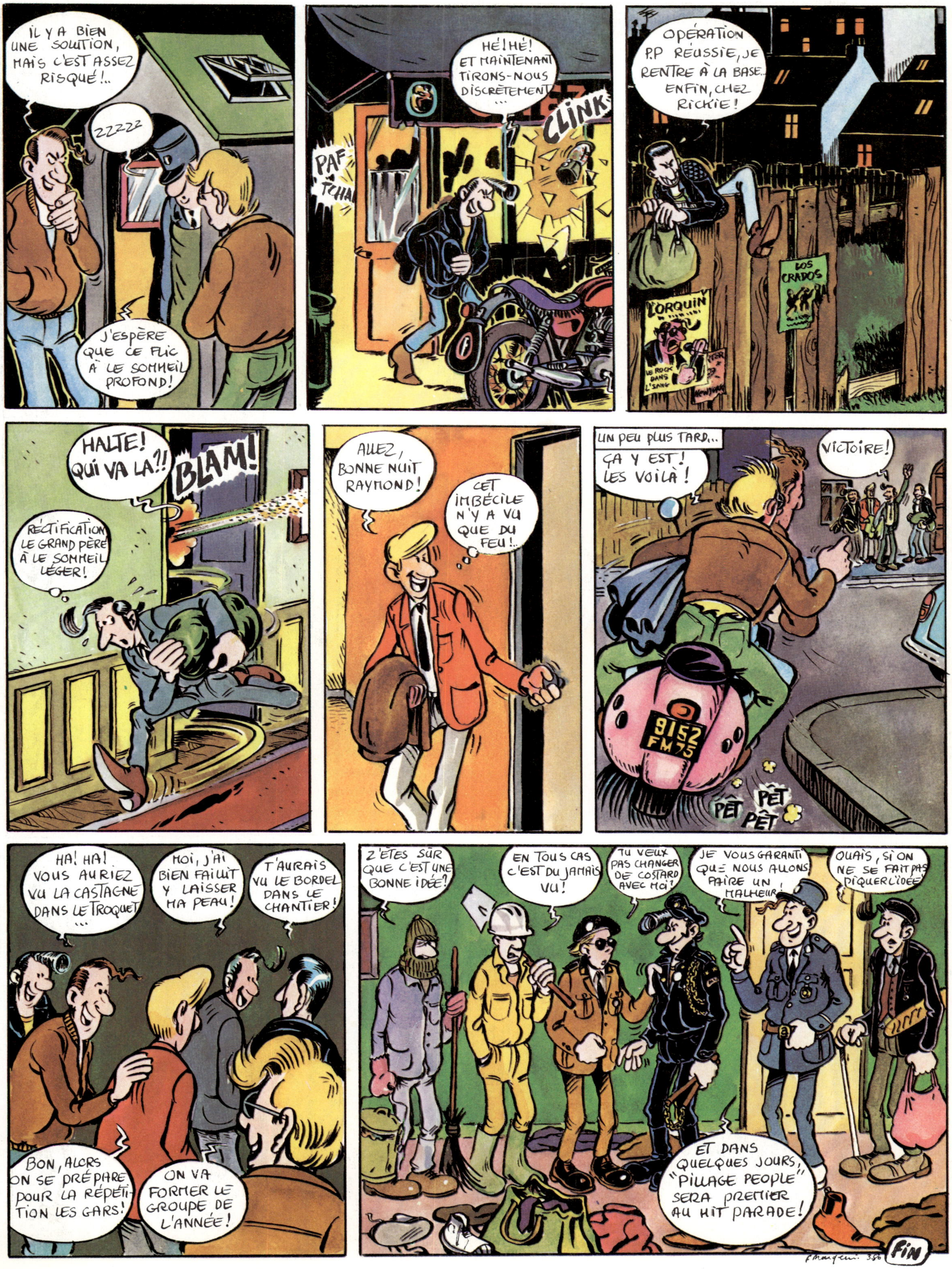
IL Y A BIEN UNE SOLUTION, MAIS C'EST ASSEZ RISQUÉ !..
ZZZZZ
J'ESPÈRE QUE CE FLIC A LE SOMMEIL PROFOND !
PAF
TCHAK
HÉ ! HÉ ! ET MAINTENANT TIRONS-NOUS DISCRÈTEMENT ...
CLINK
OPÉRATION P.P RÉUSSIE, JE RENTRE À LA BASE.. ENFIN, CHEZ RICKIE !
LOS CRADOS
HALTE ! QUI VA LA ?!
BLAM !
RECTIFICATION LE GRAND PÈRE A LE SOMMEIL LÉGER !
ALLEZ, BONNE NUIT RAYMOND !
CET IMBÉCILE N'Y A VU QUE DU FEU !..
UN PEU PLUS TARD...
ÇA Y EST ! LES VOILÀ !
VICTOIRE !
9152 FM 75
PÈT PÈT PÈT
HA ! HA ! VOUS AURIEZ VU LA CASTAGNE DANS LE TROQUET ...
MOI, J'AI BIEN FAILLIT Y LAISSER MA PEAU !
T'AURAIS VU LE BORDEL DANS LE CHANTIER !
BON, ALORS ON SE PRÉPARE POUR LA RÉPÉTITION LES GARS !
ON VA FORMER LE GROUPE DE L'ANNÉE !
Z'ÊTES SÛR QUE C'EST UNE BONNE IDÉE ?
EN TOUS CAS C'EST DU JAMAIS VU !
TU VEUX PAS CHANGER DE COSTARD AVEC MOI ?
JE VOUS GARANTI QUE NOUS ALLONS FAIRE UN MALHEUR !
OUAIS, SI ON NE SE FAIT PAS PIQUER L'IDÉE !
ET DANS QUELQUES JOURS, "PILLAGE PEOPLE" SERA PREMIER AU HIT PARADE !
FIN

HEU... SALUT!
SALUT MEC, J'ME FAIS UN RAIL ET ON Y VA!
BEN... ENTRE!
SALUT...
J'ESPÈRE QUE TU ES BRANCHÉ SKA!

F. Margerin-présente:
VENDREDI SOIR À LA BASTILLE...
VRROOMMM
VROMM
PÎÎÎP PÎÎÎP
HÉ, LUCIEN! TU VIENS AVEC MOI, J'VAIS FAIRE UN TOUR À LA BASTOCHE!
VROM ROM
QU'EST-CE QUE TU VAS FOUTRE LÀ-BAS?
J'VAIS VOIR SI JE TROUVE UN RÉTRO PAS CHER!
SI JE L'ACHÈTE DANS L'COMMERCE, J'EN AI AU MOINS POUR DIX SACS ALORS QUE LÀ-BAS, JE PEUX EN TROUVER UN POUR VINGT BALLES...
PUTAIN, ÇA VAUT VACHEMENT L'COUP!
HEU.... TU ROULES DOU...
CEMENT!
75E1 HP 92
VROOOOOO
RROOAAA
BÊÊÊÊÊMMMM
BÊÊÊMM
PÉT PÉT PÉT
VROMM
VROOMMM
VRAP VRAAAP
BROUMM
PAF
SI MES SOUVENIRS SONT BONS, ON NE DOIT PLUS EN ÊTRE TRÈS LOIN !!..
BON
TOUIIIIIIII TOUIIIIII
TÛÛÛT
VROOMM
PÎÎÎP
VROM
BEEEEMMM
BRAMMM BRAMMM
HA! NOUS Y VOILÀ!
9152 FN 75

cinq minutes plus tard...
DIS DONC, ELLE EST BALAISE TA CHAÎNE!
C'EST MA MÈRE QUI ME L'A PAYÉE!
CE QUE J'AIME ICI, C'EST QU'ON SE SENT EN FAMILLE. ON EST TOUS DES FÊLÉS D'LA BÉCANE!
ET PUIS TU VAS VOIR QU'ON PEUT AUSSI FAIRE DES AFFAIRES EN OR!
HÉ, COMBIEN TON DISQUE?
50 SACS!
10 BALLES
OK!
T'AS VU ÇA?... UN DISQUE DE FREIN POUR DIX BALLES!
OUAIS, DIX BALLES C'EST POUR RIEN!
VENDRIEZ-VOUS UNE SELLE DE 500 XT PAR HASARD?
MAIS OUAIS, BIEN SÛR, J'AI QU'ÇA!
HÉ, RITON! TROUVE-MOI UNE XT...
ET RAMÈNE MOI SA SELLE!
TRIUMPH
HÉ, RAYMOND, T'AS PAS UN P'TIT CREUX?
SI! ÇA TE DIT UNE SAUCISSE AVEC DES FRITES?
Z'AURIEZ PAS DES PIÈCES DE BMW, DES FOIS?
ALLEZ, RÉGALEZ-VOUS LES GARS!
ARRH! JE CRÈVE LA DALLE!
DITES, ELLES ONT UN DRÔLE DE GOÛT CES FRITES. ELLE EST NAZE VOTRE HUILE!
NAZE?!! DE LA MOTUL DE PREMIÈRE QUALITÉ!!
2

TU SAIS OÙ EN TROUVER DES RÉTROS?
C'EST SIMPLE, IL N'Y A QU'À FAIRE LE TOUR!
ÇA M'ÉTONNERAIT QU'ON EN TROUVE PAS UN!...
QUOI?! À CE PRIX-LÀ TU VOUDRAIS EN PLUS LA CARTE GRISE?! ET PUIS QUOI, ENCORE...
À VENDRE
GAMELLE?
NON... RETOUR DE KICK!
HARRF!! QU'EST-CE QUI S'PASSE ICI?!
HÉ!! TU NOUS ENFUMES AVEC TES MERGUEZ!
PET PET BÊÊM BÊÊM PET PET PET
TIENS, C'EST PAS LE CHOPPER DE FREDO QUI PASSE LÀ?
MAIS OUI, C'EST FREDO! JE LE DISTINGUE MAINTENANT!
L'AUTRE JOUR, J'ARRIVE PLEIN POT DANS UNE ÉPINGLE, JE BALANCE À MORT, J'ATTAQUE À LA CORDE, J'ME PRENDS UNE SUPER TRAJECTOIRE, J'REMETS LES GAZ ET À LA SORTIE DU VIROLO DÉBOUCHE UN TRACTEUR...
SUIS-MOI, ON VA VOIR LÀ-BAS!
AÏE! ET ALORS, TU T'ES PLANTÉ?
NON, MAIS J'VAIS T'DIRE QUE SI MON SOLEX N'AVAIT PAS DE SI BONS FREINS J'ÉTAIS FAIT!
T'AS DÛ TE FAIRE UNE VIEILLE CHALEUR!
BÊÊÊM CLANK
?!
ET MERDE!! CONNERIE DE MARCHE DE TROTTOIR!
BÊÊÊÊÊÊMMM
3

C'EST QU'AVEC TOUT ÇA, J'AI TOUJOURS PAS TROUVÉ DE RÉTRO, MOI!
ESSAIE DE TE RENSEIGNER, ON VA PAS Y PASSER LA NUIT!
DES RÉTROS? JUSTEMENT, J'EN CHERCHE AUSSI!
PSSSSTT!!
QU'EST CE QUE VOUS CHERCHEZ LES JEUNES? CARTES GRISES? PERMIS A 3? VIGNETTES MOTO?
REGARDE, Y EN A PLEIN LÀ-BAS!
AH! ET BEN, C'EST PAS TROP TÔT!
PORTE DE CLICHY
DIS, TU PEUX PAS M'FAIRE UN PAQUET CADEAU, C'EST POUR OFFRIR!
DEVIL
UN RÉTRO DE KAWA?
NON, J'EN AI PAS, MAIS J'PEUX EN AVOIR!
ÉCOUTE, TU VIENS À MINUIT DEMAIN SOIR PLACE ST MICHEL AVEC 30F EN BILLETS USAGÉS DONT LES NUMÉROS NE SE SUIVENT PAS..., J'AURAI TON RÉTRO!
ET VOILÀ, C'EST FAIT!
TU AS REMARQUÉ CETTE SOLIDARITÉ ENTRE MOTARDS? C'EST VRAIMENT SUPER, HEIN?
TU CROIS PAS QUE CERTAINS EN PROFITENT POUR ÉCOULER DE LA MARCHANDISE VOLÉE?
ARRÊTE TES CONNERIES! C'EST LES BOURGEOIS QUI DISENT ÇA POUR NOUS NUIRE! ILS SONT JALOUX DE NOTRE FRATERNITÉ C'EST TOUT!
ILS NE SAVENT PAS CE QUE C'EST "L'ESPRIT MOTARD".
DE TOUTES FAÇONS, TOI, TU N'AS PAS DE MOTO ALORS TU NE PEUX PAS COMPRENDRE CES CHOSES-LÀ!
FIN
F. MARGERIN - 5-80

F. MARGERIN présente :
ALBERT DANS :
LES FLIPPÉS DU FLIPPER
RIEN DE TEL QU'UN P'TIT FLIPPER POUR SE CALMER...
CLAC
C'EST CHOUETTE LE FLIPPER, HEIN ?...
CELUI-LA, JE LE CONNAIS PAR CŒUR !
TCHIK
POUR ALLUMER LE DOUBLE BONUS FAUT DESCENDRE LES TROIS CIBLES
ET APRÈS, TU PASSES DANS LE COULOIR...
DING CLINK DING
SI TU TOUCHES CETTE TARGET, T'AS LA GATE OPEN !
MAIS FAIS GAFFE À LA SORTIE DE GAUCHE !
DING CLINK TCHAK DING
PFFF... SI TU VEUX AVOIR LE "SPÉCIAL" MON GARS, FAUT VISER MIEUX QUE ÇA !
HOLA ! CALME LE JEU... TU FLIPPES TOUJOURS TROP TÔT !!
DING DING CLINK TAK
T'ES VACHEMENT NERVEUX !
MAIS, C'EST PAS VRAI !! QUEL CON ! FAUT JAMAIS FLIPPER DES DEUX COTÉS EN MÊME TEMPS !
DING CLINK
TU NE SAIS MÊME PAS FAIRE UNE "FOURCHETTE" CONVENABLEMENT !
BOM
ET PUIS C'EST MOU TOUT ÇA ! ÇA SE SECOUE UN FLIPPER, BON SANG !!
PAF CLING DIGLING CRASH
HÉ ! DOUCEMENT AVEC LE FLIPPER !!
HA C'EST MALIN... T'AS FAIT TILT MAINTENANT !!
FIN...

FRANK MARGERIN PRÉSENTE
ROCKY
PRÉSIDENT DE LA RÉPUBLIQUE
CE SOIR
AU PALAIS DES CONGRÈS
HÉ, CE COUP-CI FAUT PAS L'RATER SON CONCERT! ÇA VA DÉGAGER UN MAXIMUM!
ROCKY
AUJOURD'HUI
C'EST DINGUE, J'PEUX PAS CROIRE QU'ON PUISSE AVOIR UN PRÉSIDENT AUSSI GÉNIAL!
QUAND J'AI PAS LA PÊCHE, JE ME PASSE LE DERNIER 30 CM DE ROCKY, JE VOUS JURE, C'EST RADICAL!
BEN MOI, J'AI CARRÉMENT RAJEUNI DE VINGT ANS ET PERDU MÊME DEUX KILOS!.. C'EST UN MIRACLE!
D'AILLEURS, IL PARAIT QUE LE PAPE A BÉNI SA GUITARE...
DU ROCK À FOND LA CAISSE ET LE PIED AU PLANCHER, ON EST PAS DES GONZESSES À LA RATP!..
OUAIS, ET PUIS ON SE FAIT SURTOUT MOINS CHIER!
SUPER! J'AI GAGNÉ UNE HEURE DE STATIONNEMENT...
VROOM
J'LES ÉCOUTE AU BUREAU, ÇA ME FAIT BOSSER PLUS VITE!
FLIC
PÎÎÎP PÎÎÎP
MAIS... C'EST LA TIRE DU PRÉSIDENT?!
VIVE ROCKY!
CLANK
PÎÎÎP!! PÎÎÎP!!
OUAIIS!
VIVE ROCKY!
MMMÉÊÊ
VRÂÂÂÂ
ROCKY
BÊÊÊÊÊEMM
VIVE ROCKY!

C'EST BREJNEV QUI VOUS REMERCIE POUR LE BABY-FOOT QUE VOUS LUI AVEZ ENVOYÉ...
IL A INTÉRÊT À S'ENTRAINER COMME UNE BÊTE S'IL VEUT POUVOIR PRENDRE SA REVANCHE UN JOUR!
IL VOUDRAIT FAIRE AUSSI UN STAGE DE FLIPPER À L'ÉLYSÉE LE MOIS PROCHAIN
IL Y A AUSSI CE PAQUET QUI VIENT DES ÉTATS-UNIS PAR VOIE DIPLOMATIQUE...
ULTRA SECRET
FRAGILE
EXP. RONALD REAGAN MAISON BLANCHE USA
DEST. ROCKY ELYSÉE FRANCE
ET PUIS TOUJOURS DES TAS DE LETTRES D'ADMIRATRICES VENANT DU MONDE ENTIER...
HO!! C'EST RONNIE QUI M'ENVOIE SES BOTTES DE PARADE...
VIVE ROCKY!
VIVE ROCKY
DÉPÊCHEZ-VOUS MONSIEUR LE PRÉSIDENT, ILS VOUS ATTENDENT DÉJÀ TOUS...
OUAiiis!
HÉ, COOL RAOUL!
ROCKY!
HELL'S OF ELYSEE
TOUS AVEC MOI!
VIVE LA RÉPUBLIQUE, VIVE LA FRANCE
ET VIVE LE ROCK!!
HUM! PARDON MONSIEUR LE PRÉSIDENT, MAIS VOUS VOULEZ SANS DOUTE DIRE "VIVE L'EUROPE"?!
HEIN?
HEU... OUI, BIEN SÛR... EXCUSEZ-MOI!
DÉCIDÉMENT, CES CAMPAGNES ÉLECTORALES NE SONT PLUS DE MON ÂGE!...
RF
F. MARGERIN. 12.80
FIN

f. margerin PRÉSENTE : LE CHOPPER
ET BIEN, VOILÀ UNE BONNE CHOSE DE FAITE!
IL M'A FALLU QUATRE MOIS DE TRAVAIL ACHARNÉ POUR RÉALISER CETTE PETITE MERVEILLE!
HÉ RITON, QU'EST-CE QUE TU EN PENSES?
BEN ÇA ALORS!
C'EST QUOI, CE TRUC?
UN CHOPPER VESPA, PARDI!
EN VOYANT LES CHOPPERS AMÉRICAINS, J'AI EU L'IDÉE D'EN FAIRE UN AVEC MON VESPA... JE PEUX T'ASSURER QUE J'EN AI BAVÉ POUR EN ARRIVER LÀ!.. MAIS LE RÉSULTAT EN VALAIT LA PEINE!
RIEN QUE POUR CONCEVOIR ET RÉALISER CETTE FOURCHE IL M'A FALLU CENT SOIXANTES HEURES DE BOULOT
NON!
SI!
C'EST DOMMAGE QU'ON NE VOIE PAS LE MOTEUR PARCE QUE JE L'AI FAIT ENTIÈREMENT CHROMER... UN BIJOU!
ÇA DOIT ÊTRE VACHEMENT BEAU!
EN TOUT CAS, C'EST LE SEUL CHOPPER VESPA AU MONDE!
JE DOIS RECONNAITRE QUE CET ENGIN EST ASSEZ EXCEPTIONNEL!
TU L'ESSAYES, QUE JE VOIE COMMENT ÇA RÉAGIT SUR LA ROUTE...
QUOI ?!! TU VOUDRAIS QUE JE MONTE SUR UN TRUC PAREIL?
NON MAIS HO! TU ME PRENDS POUR UN DINGUE OU QUOI ?!
FIN
FRANK MARGERIN . 8. 79

DANS LA SÉRIE : LUTTE CONTRE LA DÉLINQUANCE...
FRANK MARGERIN présente :
OPÉRATION "COUP DE POING"
AÏE!
BÊÊÊMM
POLICE !! ALORS JEUNE HOMME, ON PEUT VOIR LES PAPIERS DU CYCLOMOTEUR ?!
LES QUOI ?
LES PAPLARS D'TA MEULE !
HO, VOUS FACHEZ PAS, LES VOILA VOS PAPIERS !
ET N'ESSAIE PAS DE M'EMBOBINER AVEC DU BARATIN !
SI T'AS PIQUÉ CETTE MOB, TU FERAIS MIEUX DE LE DIRE TOUT DE SUITE, MONGARS !
AH, BEN ÇA PAR EXEMPLE !.. J'AI DÛ EMBARQUER SANS FAIRE GAFFE LE SAC DE MA MÈRE !
HEU... ET ÇA C'EST LES LARFEUILLES QU'LES COPAINS M'ONT CONFIÉS À LA PISTOCHE
ÇA M'INTERESSE PAS VOS HISTOIRES, JE VEUX VOIR LES PAPIERS !
OUI, LES VOIL... HO, NON ! ÇA C'EST LES OUTILS DE LA MOB !..
ALORS, ÇA VIENT CES PAPIERS !
ALLEZ, AVOUE PLUTOT QU'TU L'AS PIQUÉE, ÇA VAUDRA MIEUX !!
HA, ÇA Y EST ! JE M'SOUVIENS !! ILS SONT DANS MA POCHE RÉVOLVER !
VOYONS ÇA ! MAIS MA PAROLE, ON DIRAIT BIEN QUE VOUS ÊTES EN RÈGLE ! ... POUVIEZ PAS L'DIRE PLUS TÔT !
ALLEZ, CIRCULEZ !
HÉ, BEN LÉON, T'EN FAIS UNE TÊTE ! QU'EST CE QUI T'ARRIVE ENCORE ?...
BÊÊÊÊÊMM
JE NE SAIS PAS POURQUOI, MAIS J'AURAIS JURÉ QUE CE TYPE AVAIT QUELQUE CHOSE À SE REPROCHER ...
HA T'ES PÉNIBLE LÉON, FAUT TOUJOURS QUE TU VOIS DES VOLEURS PARTOUT !
FIN
MARGERIN - 6 - 79

F. MARGERIN PRÉSENTE:
MARCO
RÉSUMÉ
LUCIEN EST MALADE ET PAS MARCO...
J'TE JURE MARCO, J'AI LA CRÈVE, J'PEUX PAS Y ALLER!
BON ÇA VA J'AI COMPRIS J'Y VAIS!
MAIS JE TE REVAUDRAI ÇA!
JE SUIS SÛR QU'IL A FAIT EXPRÈS DE TOMBER MALADE!
IL AVAIT BIEN TROP LA TROUILLE!
IL FAUT QUE J'ME METTE EN CONDITION, J'PEUX PAS Y ALLER COMME ÇA!
PASSAGE DU TOUT
RAOUL PETITE
A L'OLYMPIA
LORQUIN
AU GOLF
HÉ, VOILÀ CE QU'IL ME FAUT...
WOUAH! LES CHOUETTES GONZESSES!
QU'EST-CE QU'IL A CELUI-LÀ IL NOUS CHERCHE OU QUOI?..
IL DOIT PAS VOIR CLAIRE!
J'VAIS LUI OUVRIR LES YEUX!
MERDE, CE SONT DES TRAVELOS!
J'AI COMPRIS, IL VEUT S'FAIRE CÂLINER!
CE COUP-CI JE L'PLANTE!
NON! IL EST POUR MOI, VOUS ALLEZ VOIR!
JE PARIE QUE...
TCHOK!!
ATTENTION!
PERDU!

MAIS MERDE! QU'ON ME LAISSE AU MOINS FINIR MA PHRASE!!
CLANG BLONG BALANG
LAISSE FREDO, JE VAIS LE DÉSOSSER CE MEC!
HA! HA! ON DIRAIT QUE VOTRE POTE EST ALLÉ S'COUCHER...
IL A EU UN COUP D'POMPE?
FAIS GAFFE RITON, C'EST UN NERVEUX!
HÉ, TOI! ON LÈVE LES JAMBES QUAND J'BALAYE!
TCHAF!
AÏE, IL A L'AIR BALAISE CE CON... J'AI INTÉRÊT À SURVEILLER SON JEU D'JAMBES!
QU'EST-CE QU'IL Y A?... T'AS UN PETIT PROBLÈME?
ALLEZ, J'SUIS SYMPA, J'TE FILE UN COUP DE MAIN!
TIENS!
FLAP!
ÇA VA, J'AI PAS TROP PERDU LA MAIN, ÇA ME RASSURE UN PEU!
CRAC!
N'EMPÊCHE QUE MAINTENANT VA FALLOIR Y METTRE LE PAQUET... FINIE LA RIGOLADE, MARCO!
FAUT PAS TE DÉGONFLER, T'AS PROMIS À LUCIEN.
ALLEZ, COURAGE!
HA, C'EST TRÈS GENTIL À VOUS D'AVOIR BIEN VOULU REMPLACER LUCIEN...
POUR GARDER MES PETITS ANGES TOUTE LA JOURNÉE!
NO FUTUR
F. MARGERIN 9 80
FIN

F.MARGERIN présente :
LUCIEN
DANS :
LE PIQUEUR DE MOB...
TIENS, SALUT ROGER, ÇA VA?
SALUT LUCIEN!
QU'EST-CE QU'IL Y A ?... T'EN FAIS UNE TÊTE!
EVIAN
M'EN PARLE PAS! Y A UN SALAUD QUI M'A CHOURAVÉ MA MOB CE MATIN...
NON?..
SI! TU TE RENDS COMPTE, UNE SUPER MEULE, QUE J'AVAIS PIQUÉE HIER SOIR...
HO!
LÀ, SUR LE TROTTOIR D'EN FACE, C'EST ELLE! INCROYABLE!
ÇA, MON VIEUX, C'EST UN SIGNE DU DESTIN!
?
HÉ, TU NE VAS TOUT DE MÊME PAS LA REPIQUER?
TIENS, JE VAIS ME GÊNER!
MALAKOFF'S ANGELS
T'ES CON, TU VAS TE FAIRE REPÉRER!
ET ALORS?
CLAC!
T'ES CON...
FLIPPE PAS, C'EST DÉJÀ FINI...
ARRÊTE! ET SI TU TE FAIS PIQUER À UN CONTRÔLE DE POLICE?
ALLEZ, LÂCHE-MOI UN PEU, TU VAS PAS ME FAIRE LA MORALE...
T'ES TROP HONNÊTE MON VIEUX!
ÇA TE PERDRA!
MÊÊÊ MÊÊ
MMMÊÊÊÊÊÊÊÊÊÊÊÊÊÊÊÊÊ...
BEN, ÇA ALORS...
C'EST QU'IL L'A QUAND MÊME REPIQUÉE CE SALAUD!
SALUT LUCIEN! BEN DIS-DONC... Y A QUELQUE CHOSE QUI NE VA PAS?
M'EN PARLE PAS! JE VIENS DE ME FAIRE CHOURER LA MOB QUE J'AVAIS PIQUÉE CE MATIN!
F. MARGERIN - 2.79
FIN...

F. MARGERIN présente:
DÉDÉ
LE ROI DE L'AUTO TAMPON
VROOOMM TÛT! TÛT! SALUT FREDO!!
SALUT DÉDÉ!
BOM
QUI C'EST CE FÊLÉ?
TU CONNAIS PAS DÉDÉ?.. LE ROI DE L'AUTO TAMPON...
MAIS SI! IL S'ÉTAIT PAYÉ UNE DAUPHINE GORDINI POUR FAIRE DE LA COMPÈTE!
VROOOMM TARIII TARAA!
IL S'EST FAIT SUCRER SON PERMIS À VIE!.. IL N'ARRÊTAIT PAS DE SE PLANTER AVEC SA CAISSE!
AH, OUAIS?
LA DERNIÈRE FOIS, IL A FAIT TROIS TONNEAUX AVEC UNE "DEUX CHEVAUX" DANS UN PARKING SOUTERRAIN...
LA SEULE CHOSE QU'IL SOIT CAPABLE DE CONDUIRE SANS DANGER MAINTENANT, CE SONT CES AUTOS TAMPONNEUSES...
HÉ?!
HEIN?
CLONK
?
?
?
?
?
?!
AUTO-SCOO
ET MEEERDE!
FIN...

F. Margerin présente
LUCIEN dans:
VACANCES DE RÊVE
MAIS... ÇA ALORS! C'EST INCROYABLE, IL FAIT BEAU!
SAM SUFI
ET DIRE QU'IL A PLU TOUTE LA SEMAINE!
SAM SUFI
ÇA, C'EST UN TEMPS À ALLER À LA PLAGE...
CAMPING
les mouettes
EN PLUS, C'EST PRATIQUE, ELLE EST JUSTE DE L'AUTRE CÔTÉ DE LA NATIONALE!
VROOOMM
JE VAIS ME FIGNOLER UN BRONZAGE À FAIRE PÂLIR TOUS MES COPAINS!
GLACES

BAZAR
GLACES
MAINTENANT, IL VA FALLOIR TROUVER UN COIN PEINARD !
PAF
TIENS, LÀ-BAS, DEVANT LES CABINES !
CABINE PIÉGÉE
MON NID
PLEIN SUD ET À L'ABRI DU VENT, ÇA VA BRONZER LES MECS !
ET VOILÀ, MAINTENANT JE N'AI PLUS QU'À ME PIQUER UN PETIT ROUPILLON !
HO !
NON !! PAS UNE COLO !!
VOUS ÊTES BIEN SAGES ET VOUS NE VOUS ÉLOIGNEZ PAS LES ENFANTS, COMPRIS ?
DIS, TU ME LA PRÊTE TA CORDE ?
TA GUEULE ! T'AS QU'À T'EN PAYER UNE !
ALORS, ON JOUE AU FOOT ?!
HÉ, P'TITE TÊTE, C'EST MOI QUI DÉCIDE !

HA, LES SALES MÔMES, PAS MOYEN D'ÊTRE TRANQUILLE SUR CETTE PLAGE!
CASSE-TOI CONNASSE OU J'TE COGNE!
ALLONS, ALLONS...
TIENS, PAUV'CON!
TU M'FAIS PAS PEUR, ENCULÉ!
TA GUEULE!
J'OUBLIAIS QU'ON ÉTAIT DIMANCHE AUJOURD'HUI!
HÉ, MAIS C'EST LOULOU?!
MICHOU? QUELLE SURPRISE!
CET APRÈS-MIDI IL VA Y AVOIR CINQ FOIS PLUS DE MONDE! ÇA PROMET!
TU ME PASSES LE POTAGE AUX NOUILLES QUI EST DANS LE THERMOS!
MERDE! J'AI FAIT TOMBER LE POT D'RILLETTES DANS LE SABLE!
VOUS GARDEREZ L'HUILE DES SARDINES POUR LE BRONZAGE C'EST ÉPATANT!
N'OUBLIEZ PAS D'ENTERRER VOS DÉTRITUS DANS LE SABLE!
CLUB MICKEY
GRRRRR
AH, LE CON! IL M'A FAIT L'EXTÉRIEUR!
T'AS VU LA TRAJECTOIRE!
DU CÔTÉ DES DUNES C'EST PLUS CALME!
VRAOUM RRROOAAR! VROM!
COLIN
3

ÇA ALORS, ILS SONT TOUS ENTASSÉS SUR LA PLAGE ET ICI, C'EST DÉSERT...
MA PAROLE, ILS SONT FOUS!
D'AUTANT PLUS QUE C'EST DRÔLEMENT SYMPA PAR LÀ...
BOUM
VROOOO
LISEZ MÉFI...
ALLEZ J'ME POSE ICI!
JE CROIS QU'ON PEUT PAS RÊVER MIEUX!
ÇA VALAIT LE COUP DE FAIRE CENT MÈTRES POUR ÊTRE PEI...
BÊÊÊÊÊMM ÊÊMM
PÊT PÊT BEÊÊÊMM PÊT PÊT
...NARD!
MÊÊÊMM PÊT PÊT
BÊÊM
HAAA!
C'EST PAS VRAI!! Y'A PAS UN ENDROIT OÙ L'ON PEUT PIONCER TRANQUILLEMENT!
BÊÊÊMMM
BÊÊÊMMM
BEEM
4

ALORS, TU LA PRENDS CETTE PHOTO, SIMONE?
T'ES SÛR QUE JE SUIS BIEN CADRÉ AU MOINS?
POUVEZ PAS JOUER PLUS LOIN LES MÔMES!
HEU... IL FAUDRAIT QUE VOUS RECULIEZ D'UN PETIT MÈTRE...
BOP
J'VAIS ME BAQUER, ÇA ME CALMERA!
ZUT! C'EST MARÉE BASSE, IL VA FALLOIR MARCHER!
NIFA
HO! C'EST GÉNIAL, IL Y A UN COURANT CHAUD, ICI!
HÉ, TU PEUX PAS FAIRE GAFFE OÙ TU NAGES!!
ALLEZ, J'ME PIQUE UNE TÊTE VITE FAIT ET JE RENTRE!
POK
WOUAH! PUTAIN, ELLE EST GLACÉE!!
C'EST DRÔLE, ELLE REMONTE VITE...
ELLE REMONTE MÊME TRÈS VITE!!
HAAAA!

SAUVE QUI PEUT!
SPLATCH!
BLOURPS!
HA! HA! HA!
HEIN?
HA! HA! ALLEZ, DEBOUT!
DIS, ÇA RÉVEILLE, UN BON VERRE D'EAU GLACÉE DANS LA GUEULE!
NON MAIS... ÇA VA PAS LES MECS!
C'EST TOI QUI VA PAS, DE RESTER COUCHÉ PAR UN TEMPS PAREIL!
ÇA MON VIEUX, C'EST UN TEMPS À ALLER À LA PLAGE!
FIN

HEU...
PAIX ET AMOUR!
COOL MAN!
ON VA SE PRENDRE UN PIED TERRIBLE!
2

?
ALLEZ, ROULEZ JEUNESSE!
3

Dans la série "Belles Vacances" Frank Margerin présente :
LE MOIS D'AOUT À PARIS
DRRINNNG!
ALLÔ, C'EST TOI DÉDÉ ?.. HEIN ?.. TU TE CASSES EN STOP SUR LA CÔTE ?
NON MERCI, TRÈS PEU POUR MOI ! CE MOIS-CI, JE RESTE PEINARD À PARIS !.. PARFAITEMENT !
JE SUIS PARTI EN JUILLET, J'AI COMPRIS !
D'AUTANT PLUS QUE MES VIEUX M'ONT LAISSÉ LEUR APPART !
OUAIS, AVEC LA TÉLÉ, LA CHAÎNE, LE BAR, ENFIN TOUT LE CONFORT QUOI !
ALLEZ, J'TE LAISSE ET BON COURAGE VIEUX !
HA! HA! HA! SACRÉ DÉDÉ, JE LUI SOUHAITE BIEN DU PLAISIR !
ENFIN, J'L'AURAI PRÉVENU !
DING!
ET MAINTENANT, UN P'TIT ROCK À FOND LA CAISSE !
LES VOISINS SE SONT TIRÉS !
GRRIIIIINNGG!!
HEIN ?
SALUT LUCIEN, J'AI APPRIS QUE TU RESTAIS À PARIS CE MOIS-CI... C'EST SUPER !
TU VAS POUVOIR ME GARDER MES PLANS D'HERBE !
1

BON, TU Y FAIS GAFFE, J'Y TIENS VACHEMENT À MES PLANS D'HERBE!
T'ARROSES, MAIS PAS TROP QUAND MÊME!
J'TE LAISSE, ENCORE MERCI LUCIEN...
YA PAS D'QUOI! BONNES VACANCES!
GRIIIINNNG!!
ENCORE?
BONJOUR LUCIEN... ALORS, IL PARAIT QUE TU RESTES ICI TOUT LE MOIS D'AOUT?
JE PEUX TE DEMANDER UN PETIT SERVICE, LUCIEN CHÉRI?
MA, ELLE M'A BIEN EU LA MÈRE JOSETTE AVEC SON CHAT!
J'AVAIS BIEN BESOIN DE CETTE SALE BÊTE!
SCRATCH SCRATCH
CROKET
J'AI PEUT-ÊTRE INTÉRÊT À FERMER CETTE FENÊTRE POUR QU'IL NE SE SAUVE PAS...
GRIIING!
TIENS, J'AI ENCORE DE LA VISITE!
SALUT, COMMENT ÇA VA LUCIEN?
HUM... JE COMPTE PARTIR AVEC DES POTES EN BÉCANE, MAIS J'AI UN PETIT PROBLÈME...
IL S'APPELLE CRAIGNOS, IL EST SUPER SYMPA!
MA OUI, IL FAUT QUE TU LE FASSES SORTIR TOUTES LES HEURES!
CLAP!
BON SANG! J'AVAIS COMPLÈTEMENT OUBLIÉ LE CHAT!
GROAARF
SSHHHHH
MIAOWW
NON!! CRAIGNOS!!
POK!
WARF!

AÏE! JE VAIS ME FAIRE MASSACRER PAR ROGER À SON RETOUR!
ÇA COMMENCE BIEN!
GRRIIIINNNGG!
AH NON! ÇA SUFFIT!
YOU'RE LUCIEN? HI!.. WE ARE JOHN AND TEDDY AND WE COMES FROM L.A...
YOUR FRIEND RAYMOND DIRE ÊTRE POSSIBLE DORMIR CHEZ VÔ!
HEIN? VOUS VOULEZ DORMIR ICI?
YA! CAN YOU SHOW ME WHERE IS THE KITCHEN... I'M HUNGRY!
YOU'VE A PHONE? I'VE GOTTA CALL A FRIEND IN NEW YORK...
HEIN?
AND AFTER, I'D LIKE TO TAKE A BATH...
HO, LES GARS! I AM SORRY MAIS IT IS NOT... HEU... THE ARMY OF GOOD BYE!
WHAT?
ALORS FOUTEZ-ME THE CAMP!
PFFFF!! JE LE RETIENS LE PÈRE RAYMOND! M'ENVOYER CES POTES RICAINS!
CLAP!
J'AI ASSEZ D'UN CHIEN ET D'UN CHAT POUR FOUTRE LE BORDEL!
TIENS, À PROPOS... OÙ EST PASSÉ CRAIGNOS?
HO!
CLIC!
MA PAROLE, CE CHIEN CRÈVE LA DALLE, IL A PAS DÛ BOUFFER DE LA JOURNÉE...
VA FALLOIR LUI ACHETER DES BOITES...
ALLEZ, VIENS CRAIGNOS, JE VAIS EN PROFITER POUR TE SORTIR UN PEU!..
3

QUEL CALME, ON VOIT QU'ILS SONT TOUS PARTIS EN VACANCES!
HA, ZUT! L'ÉPICERIE DU COIN EST FERMÉE! J'AURAIS DÛ M'EN DOUTER!
?
POSTILLON
CLIC
UNE HEURE PLUS TARD...
ENFIN! TROIS KILOMÈTRES POUR TROUVER UNE ÉPICERIE OUVERTE! FAUT LE FAIRE!
KUB CHEZ LULU KUB
CLIC!
ET NE ME DIT PAS QUE TU N'AIMES PAS CETTE MARQUE!
IL NE MANQUERAIT PLUS QUE ÇA!
VA FALLOIR AUSSI QUE JE RÉCUPÈRE LE CHAT...
SINON JOSETTE VA M'ARRACHER LES YEUX!
HÉ! HÉ! AU MOIS D'AOÛT TOUS LES MECS SONT CÉLIBATAIRES...
PLEASE, PÔVEZ-VO ME RENSEIGNER JE SUIS UN PEU PERDUE...
MAIS OUI, BIEN SÛR!
VOUS VOULEZ UN GUIDE, MISS? JE CONNAIS PARIS COMME MA POCHE!
ET MOI, J'CONNAIS TOUS LES MONUMENTS!
TOUR EFFEIL? SACRÉ COEUR? LE LOUVRE? BEAUBOURG?
PARIS BY NIGHT?

FÉ DES AMIS
MAIS ILS SONT CINGLÉS CES MECS?! ÇA VA PAS?!
EN TOUT CAS J'AI COMPRIS, MOI, JE NE FOUS PLUS LES PIEDS DEHORS!
WAF WAF
ET TOI, LA PROCHAINE FOIS N'ESSAIE PAS DE ME DÉFENDRE...
PARCE QUE DANS LA BAGARRE, IL N'Y A QUE MOI QUE TU AIES MORDU!
SOUVENIRS DE PARIS
VLAM
EMENTS
ITON
C'EST OK, ON PEUTY ALLER RITON!!
EN RENTRANT, JE DÉBRANCHE LE TÉLÉPHONE ET JE ME FOUS DEVANT LA TÉLÉ...
CLIC!
WARF!!
QU'EST-CE QUE TU AS CRAIGNOS? MAIS?! ON DIRAIT QUE LA PORTE EST OUVERTE...
HAAA!!
?
PLUS TARD...
CIGAR
J'ÉTAIS SÛR QUE TU RESTERAIS PAS LONGTEMPS À PARIS...
C'EST TROP CALME AU MOIS D'AOÛT!
VROOM
FIN
F. MARGERIN. 7. 80

C'EST ICI QU'ON S'FAIT UN BOEUF?
HEU, OUI... ENTRE!

Frank MARGERIN présente:
LE COUSIN NANARD
BON ALORS, ON Y VA AU CONCERT?
HÉ, LUCIEN, T'ATTENDAIS PAS TON COUSIN CE SOIR?
SI, D'AILLEURS IL NE DEVRAIT PLUS TARDER MAINTENANT!
VICTOR LEED
PCF
AU FAIT, TU NOUS AS JAMAIS PARLÉ DE TON COUSIN
ÇA VA FAIRE QUATRE ANS QUE JE L'AI PAS VU MAIS C'EST UN MEC SUPER!
J'VOUS DIS PAS LES CONNERIES QU'ON A FAITES ENSEMBLE... HA! HA! C'ÉTAIT PAS TRISTE! SACRÉ NANARD!
ÇA, J'VOUS GARANTIS QU'AVEC LUI ON VA PAS S'ENNUYER!
DRIIIINNNGG!!
HA! ÇA Y EST, LE VOILÀ!
ROCK
ON VA POUVOIR ALLER AU CONCERT!
SALUT NA... HO! NON!!
SALUT COUSIN!
SALUT LES MECS!
UN BABA!
1

ALORS MON VIEUX LUCIEN,.. QU'EST-CE QUE TU DEVIENS DEPUIS LE TEMPS ?
LA DERNIÈRE FOIS QU'ON S'EST VU, T'AVAIS DES BOUTONS PLEIN LA GUEULE... ÇA TE FOUTAIT DES COMPLEXES!
C'ÉTAIT LE BON TEMPS, HEIN?.. EH BIEN MOI, J'AI FAIT LA ROUTE PENDANT TROIS ANS ET MAINTENANT JE VIS EN COMMUNAUTÉ EN PROVENCE... J'AI AUSSI QUELQUES MOUTONS!
C'EST PEINARD!
FAUDRA QUE VOUS VENIEZ UN JOUR LES GARS!
ET TOI, TU NE M'AS PAS DIT CE QUE TU FOUTAIS MAINTENANT... TOUJOURS AUSSI GLANDEUR?
BEN... AVEC MES POTES, ON A FORMÉ UN GROUPE DE ROCK...
D'ACCORD!..
HA! HA! HA! JE TE REVOIS ENCORE ESSAYANT DE JOUER "JEUX INTERDITS" SUR TA GUITARE...
QUEL MASSACRE!
TIENS, PUISQUE VOUS ÊTES BRANCHÉS MUSIQUE JE VAIS VOUS JOUER UN MORCEAU AUX BONGOS, VOUS ALLEZ VOIR!
LORQUIN
JE VIRE CE DISQUE PÉNIBLE!
HEU... BON, ON TE LAISSE AVEC TON COUSIN, LUCIEN...
NON, DÉCONNEZ PAS LES GARS! NE M'LAISSEZ PAS AVEC LUI!!
TOM BOLOM BOM
VOUS POUVEZ PAS M'FAIRE ÇA! SOYEZ PAS SALAUDS!
T'ES MARRANT, ON PEUT PAS SE POINTER AU PALADIUM AVEC CE BABA!
BOM BOLO TOM
IL CRAINT VRAIMENT TON COUSIN!
JE COMPRENDS PAS QU'IL AIT PU CHANGER AUTANT!
J'VAIS ESSAYER DE M'EN DÉBARRASSER!..
PFFFF!.. DRÔLEMENT SAOULANT LE NANARD!
JE VOUS REJOINS APRÈS... BON, OÙ IL EST PASSÉ MAINTENANT?..
HO!! OÙ T'ES NANARD?
J'SUIS DANS LA CUISINE!! DIS T'AS QUELQUE CHOSE À BÉQUETER?
HEIN?!..

HEU... TU SAIS, Y A RIEN À BOUFFER ICI...
T'EN FAIS PAS, J'VAIS M'FAIRE UN CASSE-DALLE AUX OIGNONS CRUS.
SI T'AS AUSSI UN PEU D'AIL, C'EST PAS PLUS MAL...
GNALORS, GN'ÈCHE GNE TU FAIS CHE CHOIR, LUCHIEN...
ON PACHE LA CHOIRÉE ENCHEMBLE!
BONJOUR L'HALEINE!
BON, SI JE COMPRENDS BIEN, IL NE VA PAS ME LÂCHER DE LA SOIRÉE..
HA? TU VEUX QU'ON SORTE ENSEMBLE?
QUELLE POISSE! JUSTE LE SOIR DU CONCERT DES CHAUSSETTES SAUVAGES!
HEU... T'AS VRAIMENT ENVIE?
D'ACCORD, ALORS ÉCOUTE, NANARD...
ON VA ALLER À UN CONCERT MAIS IL FAUT ÊTRE DÉGUISÉ, ÇA TE DIT?
HO, OUAIS. SUPER!
JE VAIS TE FILER UN DÉGUISEMENT...
ÇA LIMITERA LES DÉGÂTS!.. IL PASSERA AU MOINS INAPERÇU COMME ÇA!
BON, QU'EST CE QUE JE VAIS BIEN POUVOIR LUI REFILER?
PLUS TARD...
HA! HA! MORT DE RIRE!!
SI MES MOUTONS ME VOYAIENT, LA CRISE!
ALLONS, T'ES TRÈS BIEN COMME ÇA!
BEN ALORS, ON Y VA À TON CONCERT?
TU SAIS, TU PEUX LAISSER TON SAC ICI SI TU VEUX!
JE NE ME SÉPARE JAMAIS DE MON SAC!
ENFIN MOI, SI J'ÉTAIS TOI...
ON Y VA DANS MA CAISSE, ÇA IRA PLUS VITE!
TIENS, J'PENSAIS QUE TU ÉTAIS VENU EN STOP...
ELLE EST CHOUETTE, HEIN? JE SUIS ALLÉ AUX INDES AVEC!
DANS CE CAS, IL VAUT PEUT ÊTRE MIEUX LA LAISSER REFROIDIR... ON IRA À PIED!
GARDAREM LOU LARZAC

AÏE! LES HELL'S DE MALAKOFF SONT LÀ...
HOUHOU! SALUT LES FREAKS!
HA, MERDE! VISE UN PEU QUI S'AMÈNE DERRIÈRE!
EH BIEN, VA FALLOIR S'LE FARCIR TOUTE LA SOIRÉE CELUI-LÀ!
LES CHATS NOIRS
CE SOIR
MEFI!
ROCKY + JOSETTE
HELL'S ANGELS
VOUS AVEZ VU LE COSTUME QUE LUCIEN M'A FILÉ, PAS MAL HEIN?
PAR CONTRE, VOUS VOUS ÊTES PAS FOULÉS, VOUS!
C'EST PAS FRANCHEMENT LE DÉLIRE VOTRE DÉGUISEMENT.
TENEZ, LE GROS LÀ-BAS, AVEC LA CASQUETTE DE POMPISTE, IL EST MARRANT, LUI!
MMHH?
MAIS T'ES CON?! C'EST LE CHEF DES HELL'S DE MALAKOFF... TU VEUX NOUS FAIRE TOUS MASSACRER?!
IL EST PAS JOUASSE, VOT' POTE?
TOUT VA BIEN... HÉ! HÉ! TOUT VA TRÈS BIEN!
MAIS, QU'EST-CE QUE J'AI DIT?
HOLALA! FAUT PAS FLIPPER COMME ÇA, LES GARS...
J'POUVAIS PAS DEVINER, MOI. J'LE CONNAIS PAS CE TYPE!
OUAIS MON POTE! C'EST LA PEINTURE D'ORIGINE! ET Y A PAS UNE ÉRAFLURE!
J'VAIS LEUR PRÉPARER UNE PETITE PIPE D'HERBE...
J'AI L'IMPRESSION QU'ILS NE SONT PAS TRÈS COOLS LES MECS ICI...
HO!!
CLANK
CLANK
CLANK

MAIS J'VAIS M'LE FAIRE CE MEC LÀ!
DIS DONC, IL Y A DU BASTON DANS L'AIR...
ÇA T'ÉTONNE, AVEC TOUS CES TUEURS..
HÉ?! MAIS C'EST NANARD ET LE CHEF DES HELL'S!
VAS-Y, BUTE-LE!
ÉCARTEZ-VOUS LES MECS, ÇA VA ÉCLABOUSSER!
FAIS-EN D'LA PURÉE, FREDO!
HELL'S
OF MALAKOFF
BON SANG! CE COUP-CI IL EST FICHU!
ALLEZ!! PAR ICI, L'ENTRÉE!
PAS TROP TÔT!
T'ES UN SACRÉ VEINARD, TOI!
MAIS T'AURAS PAS D'LA CHANCE DEUX FOIS!
HA, BRAVO!
ON EST REPÉRÉS MAINTENANT, AVEC TES CONNERIES!
IL EST DRÔLEMENT SPEED CE MEC!
HÉ, DITES DONC LES GARS!
J'VOUS PRÉVIENS QUE J'AIME PAS LES FOUTEURS DE BORDEL
ALORS, UN CONSEIL: FAITES-VOUS OUBLIER!
BON NANARD, TU RESTES À CÔTÉ DE NOUS, TU BOUGES PAS ET TU LA RAMÈNES PAS!
MAIS J'AI RIEN FAIT MOI!
ÇA SUFFIT!! ON SE TAIE!!
OUAIIIS!!!
LES CHAUSSETTES SAUVAGES
LES VOILÀ!

HÉ, LES MECS, FAITES COMME MOI!
HOOOO HOHOHO HOO!!
Y'A UN VIEUX FLIPP'AU VOLTIGEUR, JE LE CONNAIS MIEUX QUE MA SOEUR UN GRAND COUP D'LATTE DANS L'MONNAYEUR ET Y'A VINGT GRATTES SUR LE COMPTEUR...
MAIS LAISSEZ-MOI M'ÉCLATER! JE VEUX DANSER À POIL!!
HÉ!! MAIS T'ES FOU RHABILLE-TOI!!
Y'EN A MARRE DE TES CONNERIES NANARD!
MAIS VOUS M'EMMERDEZ À LA FIN!
ON EST PAS À WOODSTOCK ICI!
SNIF
HÉ, DITES, C'EST QUOI CE TRUC BIZARRE DANS L'FOND DE SON SAC? UNE SAVONNETTE AU PATCHOULI?..
RENDS-MOI ÇA, TOI!! UN FROMAGE DE CHÈVRE, C'EST SACRÉ!
?!
UN FROMAGE DE CHÈVRE!!
HA!HA!HA!
TU L'AURAS VOULU, LUCIEN! ATTRAPE!!
RATÉ!
HO, NON!
QU'TU SOIS UN CRAC OU UNE TERREUR UN P'TIT LOUBARD OU UN ROCKER JE TE PARIE UN JAMBON-BEURRE QUE TU M'PRENDS PAS SUR MON FLIPPER...
POK
PLUS TARD...
TU CROIS QU'IL NOUS CHERCHE TOUJOURS, DEPUIS LE TEMPS...
BEN, DANS L'DOUTE J'PRÉFÈRE RESTER ICI ENCORE QUELQUES MOIS...
SALES BÊTES!
BÊÊÊ BÊÊÊ
BÊÊÊÊ BÊÊÊ
FIN
F. MARGERIN. 10.80

...
J'AI DES POTES QUI VONT ARRIVER
AH? BEN C'EST BIEN, ÇA...

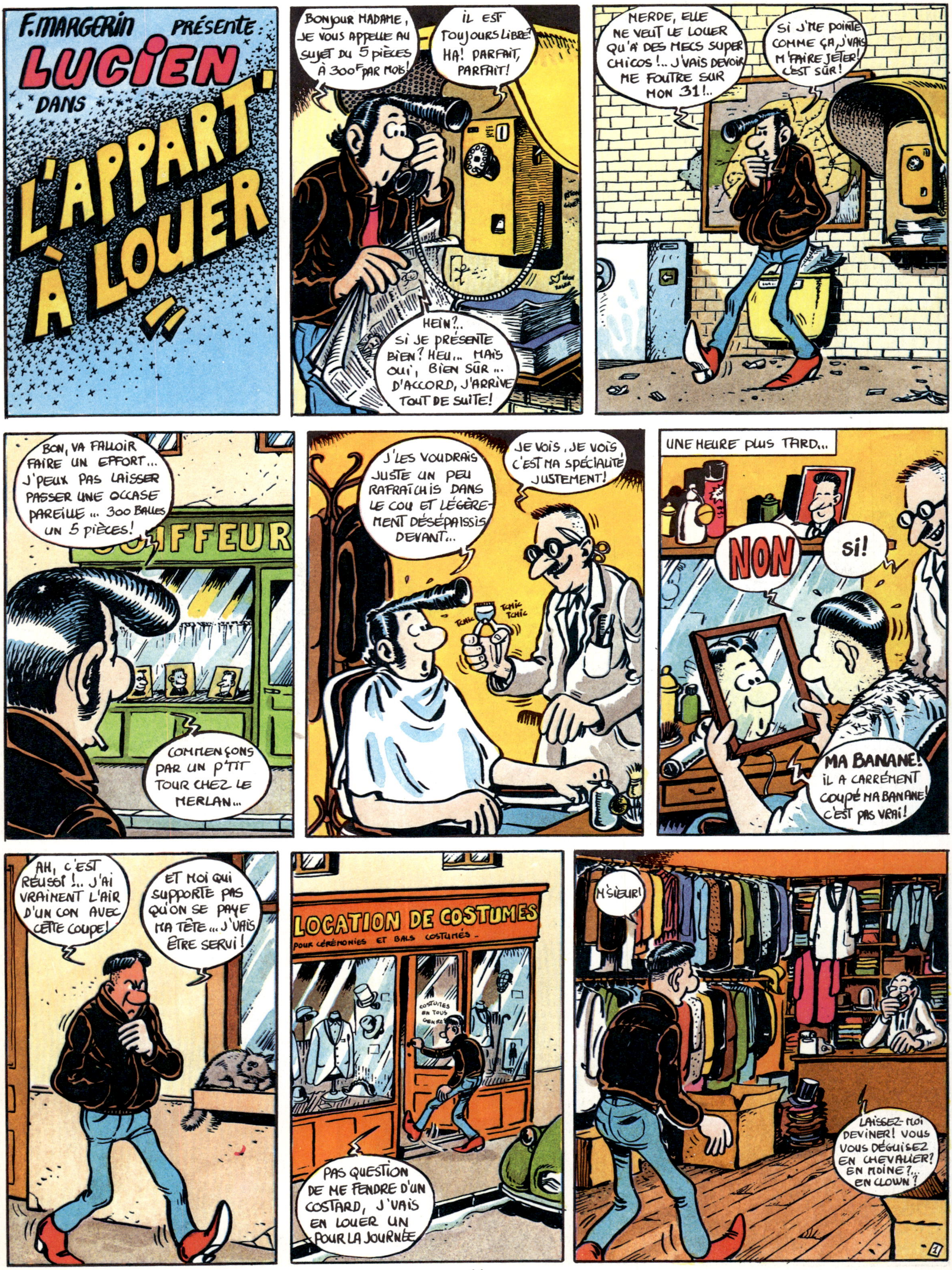
F. MARGERIN PRÉSENTE
LUCIEN
DANS
L'APPART' À LOUER
BONJOUR MADAME, JE VOUS APPELLE AU SUJET DU 5 PIÈCES À 300F PAR MOIS!
IL EST TOUJOURS LIBRE? HA! PARFAIT, PARFAIT!
HEIN?.. SI JE PRÉSENTE BIEN? HEU... MAIS OUI, BIEN SÛR... D'ACCORD, J'ARRIVE TOUT DE SUITE!
MERDE, ELLE NE VEUT LE LOUER QU'À DES MECS SUPER CHICOS!.. J'VAIS DEVOIR ME FOUTRE SUR MON 31!..
SI J'ME POINTE COMME ÇA, J'VAIS M'FAIRE JETER! C'EST SÛR!
BON, VA FALLOIR FAIRE UN EFFORT... J'PEUX PAS LAISSER PASSER UNE OCCASE PAREILLE... 300 BALLES UN 5 PIÈCES!
COIFFEUR
COMMENÇONS PAR UN P'TIT TOUR CHEZ LE MERLAN...
J'LES VOUDRAIS JUSTE UN PEU RAFRAÎCHIS DANS LE COU ET LÉGÈREMENT DÉSÉPAISSIS DEVANT...
JE VOIS, JE VOIS C'EST MA SPÉCIALITÉ JUSTEMENT!
UNE HEURE PLUS TARD...
NON
SI!
MA BANANE! IL A CARRÉMENT COUPÉ MA BANANE! C'EST PAS VRAI!
AH, C'EST RÉUSSI!.. J'AI VRAIMENT L'AIR D'UN CON AVEC CETTE COUPE!
ET MOI QUI SUPPORTE PAS QU'ON SE PAYE MA TÊTE... J'VAIS ÊTRE SERVI!
LOCATION DE COSTUMES
POUR CÉRÉMONIES ET BALS COSTUMÉS
PAS QUESTION DE ME FENDRE D'UN COSTARD, J'VAIS EN LOUER UN POUR LA JOURNÉE
M'SIEUR!
LAISSEZ-MOI DEVINER! VOUS VOUS DÉGUISEZ EN CHEVALIER? EN MOINE?.. EN CLOWN?
1

UNE HEURE PLUS TARD...
VOUS VERREZ, VOUS AUREZ UN SUCCÈS FOU!
C'EST ÇA, SALUT!
ET TE FOUS PAS DE MA GUEULE, SURTOUT!
C'EST VRAIMENT PAS L'MOMENT DE M'EMMERDER!
HÉ, MAIS... ÇA VA PAS, NON!! J'AI RIEN DIT, MOI!!
MERDE! V'LA MON VIEUX POTE ROGER! J'VAIS M'FAIRE VANNER À MORT!
AVEC MES LUNETTES NOIRES, IL NE ME RECONNAITRA PEUT-ÊTRE PAS!
?
HÉ! TÊTE DE CON! AMÈNE-TOI UN PEU PAR LÀ!
AÏE!
T'AS PAS 10 BALLES POUR MÉZIGUE!
HEU... BEN C'EST À DIRE QUE...
QUELLE POISSE, J'AI LAISSÉ MON BLÉ DANS MON BLOUSON!
QUELQUES SECONDES PLUS TARD...
QUELLE CHANCE! IL NE M'A PAS RECONNU!
IL L'AURAIT RACONTÉ À TOUT L'QUARTIER CE SALAUD!
ET APRÈS ÇA, TOUT LE MONDE SE SERAIT PAYÉ MA TÊTE, C'EST CERTAIN!
ELLE AURAIT PRIS UN SACRÉ COUP MA COTE AVEC LES GON..
ZESSES!
HEIN?!
HÉ! MAIS C'EST LUCIEN!
ÇA ALORS!
WOUAH, LA GUEULE!!

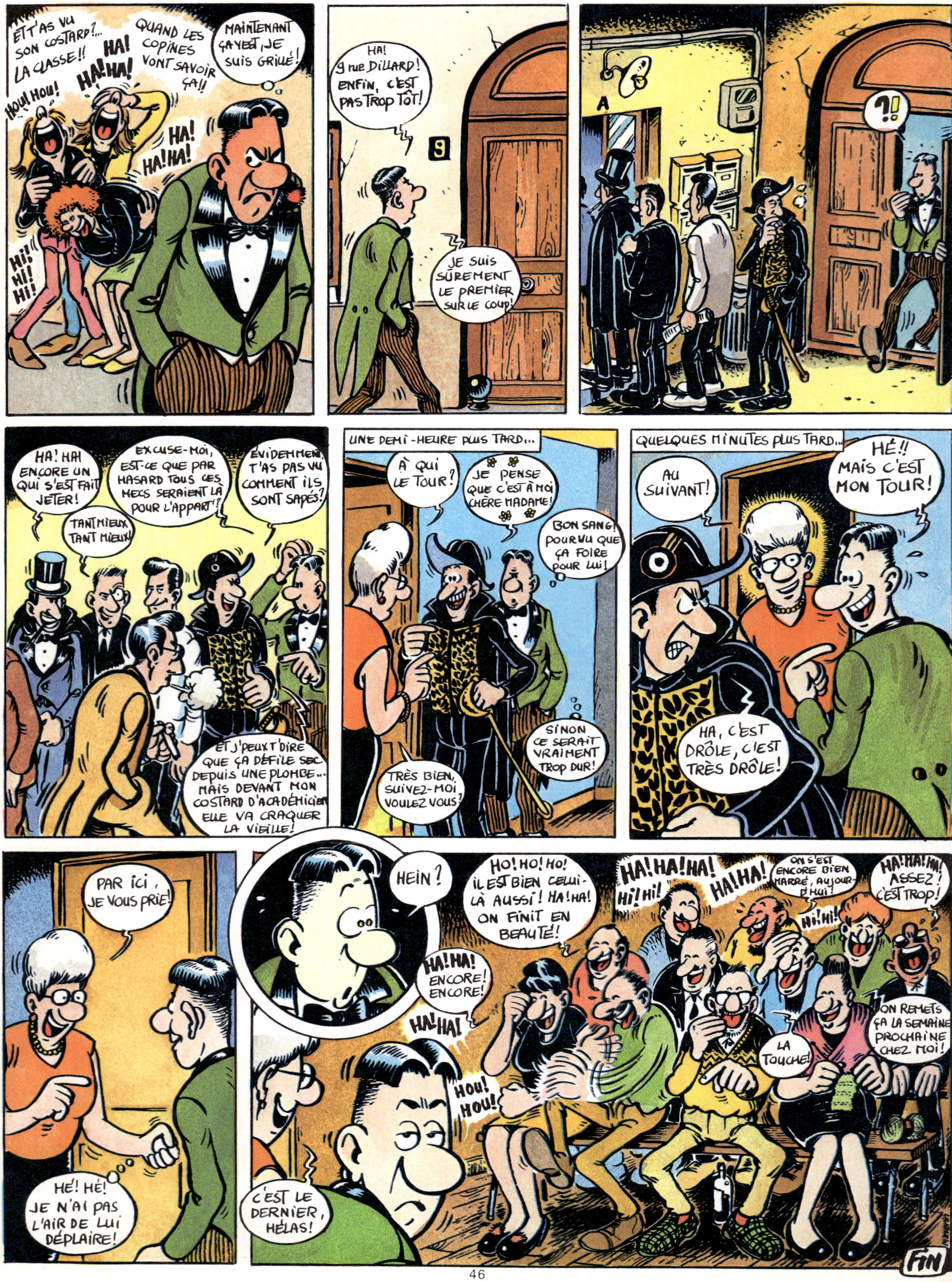
ET T'AS VU SON COSTARD?... LA CLASSE!!
HA! HA! HA!
HOU! HOU!
QUAND LES COPINES VONT SAVOIR ÇA!!
MAINTENANT ÇA Y EST, JE SUIS GRILLÉ!
HA! HA! HA!
HI! HI! HI!
HA! 9 rue DILLARD! ENFIN, C'EST PAS TROP TÔT!
9
JE SUIS SÛREMENT LE PREMIER SUR LE COUP!
A
?!
HA! HA! ENCORE UN QUI S'EST FAIT JETER!
EXCUSE-MOI, EST-CE QUE PAR HASARD TOUS CES MECS SERAIENT LÀ POUR L'APPART'?
ÉVIDEMMENT T'AS PAS VU COMMENT ILS SONT SAPÉS?
TANT MIEUX TANT MIEUX
ET J'PEUX T'DIRE QUE ÇA DÉFILE SEC DEPUIS UNE PLOMBE... MAIS DEVANT MON COSTARD D'ACADÉMICIEN ELLE VA CRAQUER LA VIEILLE!
UNE DEMI-HEURE PLUS TARD...
À QUI LE TOUR?
JE PENSE QUE C'EST À MOI CHÈRE MADAME!
BON SANG! POURVU QUE ÇA FOIRE POUR LUI!
SINON CE SERAIT VRAIMENT TROP DUR!
TRÈS BIEN, SUIVEZ-MOI VOULEZ VOUS?
QUELQUES MINUTES PLUS TARD...
AU SUIVANT!
HÉ!! MAIS C'EST MON TOUR!
HA, C'EST DRÔLE, C'EST TRÈS DRÔLE!
PAR ICI, JE VOUS PRIE!
HÉ! HÉ! JE N'AI PAS L'AIR DE LUI DÉPLAIRE!
HEIN?
HA! HA! ENCORE! ENCORE!
HA! HA!
HOU! HOU!
C'EST LE DERNIER, HÉLAS!
HO! HO! HO! IL EST BIEN CELUI-LÀ AUSSI! HA! HA! ON FINIT EN BEAUTÉ!
HA! HA! HA! HI! HI!
HA! HA!
ON S'EST ENCORE BIEN MARRÉ, AUJOURD'HUI!
HI! HI!
HA! HA! HA! ASSEZ! C'EST TROP!
ON REMETS ÇA LA SEMAINE PROCHAINE CHEZ MOI!
LA TOUCHE!
FIN

FRANK MARGERIN
présente :
SUPERLOUBARD
DANS LE MÉTRO...
DESSIN : FRANK MARGERIN
TEXTES : MARGERIN FRANK
ENCRAGE : F. MARGERIN
COULEURS : FRANK M.
DIRECTION CHATILLON-MONTROUGE
CLIC
CLIC
VOILÀ CE QUE J'EN FAIS MOI, DE CES TOURNIQUETS!
JE LAISSE LES RINGARDS PAYER!
?
MERDE!!
BIEN FAIT!
SPLAT!
QUEL CON! LA PROCHAINE FOIS JE PASSERAI EN DESSOUS.
AVEUGLE SOUAD BÈGUE
MERCI
LA SAM
QUOI, MA GUEULE!!
HÉ, CAMARADE, TU PEUX ME DÉPANNER DE DIX SACS OU D'UNE CARTE ORANGE?
HO!
JE PRÉFÈRE ÉVITER CES TAPEURS ... JE VAIS PRENDRE PAR MAIRIE D'ISSY POUR CHANGER À MONTPARNASSE...
C'EST UN PEU PLUS LONG MAIS C'EST...
1

GARDAREM LOU ARZACH
A POIL
AÏE! UN CONTRÔLE D'IDENTITÉ! À TOUS LES COUPS J'SUIS BON!
VA ENCORE FALLOIR CHANGER!
MON SAC! ARRÊTEZ-LE... AU VOLEUR!!
ZZZZZ
BON... EN PASSANT PAR L'OPÉRA, CHÂTELET ET MONTPARNASSE, ÇA DOIT COLLER!
ÇA M'ARRANGE PAS VRAIMENT MAIS TANT PIS!
BON SANG! ÇA BASTONE DUR DANS CE COULOIR!
QUOI MON VENTRE!!.. QU'EST-CE QU'IL A MON VENTRE?!..
TCHAFF!
PAF
PFFF, J'AI ENCORE LA POSSIBILITÉ DE CHANGER À VILLIERS, PUIS ÉTOILE, LA MOTTE PICQUET ET ENFIN DUROC...
N'ROLL!
SURVEILLANCE DES COULOIRS PREMIÈRE!
CLAC!
ISUNIC
1re CLASSE
DIRECTION PONT DE LEV BECON
QUELLE GALÈRE! ON EST EN PLEIN AUX HEURES DE POINTE!
EN ATTENDANT.
ARTS'A
A POIL DUFFOUR
2

E LEVALLOIS
ECON
TIENS, J'VAIS ME CALMER EN MÂCHANT DU CHEWING GUM!
3e GUERRE MONDIALE
CONSERVES
BOM
BOM
BOM
HÉ!! MAIS C'EST L'ARNAQUE CE TRUC À LA CON!!
HEP, MÉTRO!
ÇA Y EST, J'EN ÉTAIS SÛR... JE ME SUIS ENCORE FAIT TAXER DE CENT BALLES!
SORTIE
PCHIIII
PCHIIII
BOLOMBOLOM
LAISSEZ PASSER LES DAMES!
DEUZ'!
HEU... PARDON JE VOUDRAIS DESCENDRE!
PREM'!
ARRÊTEZ DE POUSSER DERRIÈRE!
MAIS... JE VOUDRAIS DESCENDRE, MOI!
AÏE!!
HÉ, C'EST COMPLET ICI!
NON!
FAITES MOI UNE PETITE PLACE, JE SUIS À LA BOURRE!
JE VOULAIS DESCENDRE
...
POUSSEZ PAS DEVANT!
DE L'AIR!
AU MÊME INSTANT, DEDANS...
9
JE SENS QUE JE VAIS CRAQUER!
ASSEZ!!
SL
SUPERLOUBARD!

DEHORS TOUS!
AU SECOURS!
LAISSEZ PASSER LES DAMES!
ET MERDE! POUR UNE FOIS QUE J'AVAIS UNE PLACE ASSISE!
J'AI CRAQUÉ!
TIENS, JE VAIS EN PROFITER POUR RÉCUPÉRER MES CENT BALLES! Y A PAS D'RAISONS!
CLANK
CLINK
DLING CLINK
HÉ! TOI LÀ-BAS! ATTENDS UN PEU, J'AI DEUX MOTS À TE DIRE!!
AÏE!
DIRECTION DE LEVALLOIS BECON
SI TU VEUX PAS QUE J'TE CASSE TON MÉTRO, TU ME DÉPOSES PORTE DE VANVES...
DIRECTEMENT ET SANS T'ARRÊTER NI MÊME RALENTIR! T'AS PIGÉ?!
OUI M'SIEUR SUPERLOUBARD...
ET PLUS VITE QUE ÇA!
BIEN M'SIEUR SUPERLOUBARD!
NON MAIS ALORS!
FAUT PAS DÉCONNER!
JE NE DEVRAIS PAS USER DE MES SUPER POUVOIRS POUR DES CHOSES AUSSI BÉNIGNES, MAIS C'EST PLUS FORT QUE MOI!
FAUT DIRE QUE C'EST EFFICACE POUR ÊTRE PEINARD...
MAINTENANT JE SUIS SEUL ET EN 1ère CLASSE!
HA! HA! HA!
LA TÊTE DES MECS QUAND...
PSSST!
HEIN?.. QU'EST-CE...
OH, NON!!
SUPER CONTRÔLEUR!
ET OUI!
TICKET SIOUPLÉ!
FIN.
F. MARGERIN. 4.80

AMIS MÉLOMANES BONJOUR!
HEU... POUVEZ COMMENCER SANS MOI...
JE REVIENS!
F. MARGERIN.
HÉ, TU JOUES BIEN, TOI!
TU DEVRAIS MONTER UN GROUPE!
4

Du même auteur chez le même éditeur

MARGERIN PRÉSENTE
TRANCHES DE BRIE
RICKY BANLIEUE
VOTEZ ROCKY
BANANES MÉTALLIQUES
RADIO LUCIEN
RICKY VII